# デニス英語の魅力
### 血の通った英語を読み解く

中村 義実
Nakamura　Yoshimi

大学教育出版

原作者ロン・フェルディナンド氏から筆者へのオリジナル画（2013.4）
Dennis: "You rock, Uncle Yoshimi!"

4

原作者マーカス・ハミルトン氏から筆者へのオリジナル画（2014.10）
Dennis: "Prof. Nakamura sure knows how to make learning FUN!"

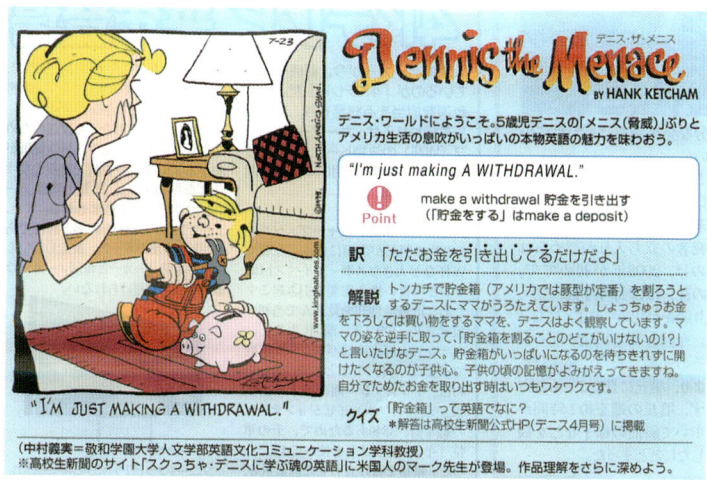

本書の元になった「高校生新聞」（高校生新聞社）に連載のデニス作品解説コラム（2013年4月号掲載分）

筆者作成、新聞掲載デニス作品のスクラップ・ブックより

# PROLOGUE

## デニスとの遭遇：
## 英語教育変革の予感

　Dennis the Menace（「デニス・ザ・メナス」）は、5歳児デニスを主人公とするアメリカ発の一コマ漫画です。1951年、ハンク・ケッチャム（Hank Ketcham）氏が世に送り出し、60年以上を経た今日も世界各国の新聞に連載が続いています。その数は2014年現在、世界48か国、1000紙以上、19言語のバージョンに及びます。

　"menace（メナス）"は「脅威の種、やっかい者」を意味します。Dennis the Menaceでは、一作品ごとにデニスのmenaceぶりが巧妙に描かれます。媒体役は、一コマの絵とその下側につく短いセリフのみです。

　私がデニスに出会ったのは、1990年代はじめ、アメリカ大学院留学を開始して間もない頃のことでした。当時、購読していたワシントンポスト紙にDennis the Menaceが連載されていました。

　はじめは気に留めることもなかったのですが、次第に心惹かれるようになりました。理屈抜きで楽しめ、読むほどに面白さが増していきます。英語で苦労していた私にとって、キレのあ

る英語をズバリと発するデニスは何とも頼もしい存在でした。
　同時に、デニスを一人でも多くの日本人に紹介したいという思いが芽生えました。将来、Dennis the Menace が日本の英語教育に大なり小なり風穴を開けてくれるかもしれないという予感が働いたのです。
　私は毎日せっせとデニスの一コマ漫画を切り抜き、何冊ものスクラップ・ブックを作りました。アメリカ滞在およそ６年を経た後、1998 年に現在の勤務校に着任し、以来、Dennis the Menace を教材として使用する機会に恵まれています。
　デニスの反響は想像を超えるものがあったと感じています。受講生がこぞってデニスに引き込まれていく様子を何年にもわたり見届けてきました。学生からのデニス評では、毎回以下のような声があがります。

「もっと早くデニスに会いたかった」
「たった一枚の絵なのにストーリーが深い」
「英語嫌いな私もこれなら楽しめる」
「デニスの頭のよさに脱帽」

　デニスの英語は、私たち大人の心を遠く過ぎ去った子供時代に、無理なく自然に引き寄せてくれるパワーがあります。
　私は、その不思議なパワーを「デニス・ミラクル」と呼んでいます。「デニス・ワールド」に飛び交う「血の通った英語」を読み解くことで、あなたも「デニス・ミラクル」をきっと体

験できるはずです。

　本書を通して、デニスのはちきれんばかりの魅力、さらには「デニス・ワールド」の底知れぬ可能性をお伝えできたらと願っています。

　なお、私のかつての同僚、アメリカ・ミズーリ州在住のマーク・フランク（Mark Frank）氏が登場し、作品解説の手助けをしてくれます。アメリカ人の目線から見えてくるデニス像にもご注目ください。

# CONTENTS

**PROLOGUE** ･･････････････････････････････････････････････ 7
　デニスとの遭遇：英語教育変革の予感

**CHAPTER 1** ･･････････････････････････････････････････････ 13
　デニスの創造者たち：デニス誕生秘話とケッチャム氏の後継者

**CHAPTER 2** ･･････････････････････････････････････････････ 17
　デニス鑑賞の手引き：スロー・ラーニングによる一発学習

**CHAPTER 3** ･･････････････････････････････････････････････ 20
　デニス・ワールドのキャスト：個性と個性が織りなす日常ドラマ

**CHAPTER 4** ･･････････････････････････････････････････････ 66
　デニス作品読解に挑戦：立体思考で「アハ・モーメント」へ

**CHAPTER 5** ･･････････････････････････････････････････････ 104
　学生が語るデニス評：デニスの底知れぬ魅力

**EPILOGUE** ･･････････････････････････････････････････････ 118
　言語習得の鍵：「ありのまま」がもたらすミラクル

# CHAPTER 1

## デニスの創造者たち：
## デニス誕生秘話とケッチャム氏の後継者

　Dennis the Menaceの生みの親であるハンク・ケッチャム氏は、1920年、アメリカ・シアトルに生まれました。氏が30歳の時、奥さんがケッチャム氏の仕事部屋に大慌てで飛び込んできてこう告げたのです。

　"Your son is a menace!"（「あなたの息子ったら、恐るべきよ！」）

　当時4歳だった息子が、昼寝しているはずだった時間帯に、部屋をめちゃめちゃに荒らしていたというのです。このエピソードがDennis the Menaceの誕生を導きます。
　奥さんがなぜ、"our son"でなく、"your son"と述べたのかの説明は置くとして、ケッチャム氏夫妻の息子の名前がまさに「デニス」でした。

　"Dennis...a menace?"

　ケッチャム氏は、しばし沈思した後、「Felix the CatやTillie

14

デニス生みの親ハンク・ケッチャム氏

the Toilerがありなんだから、Dennis the Menaceもありかな?!」とひらめいたそうです。ちなみに両作品は、当時の人気漫画で、FelixとTillieはそれぞれの主人公の名前です。

　そのエピソードからわずか5か月後の1951年3月、一コマ漫画Dennis the Menaceが16の新聞に連載デビューを果たすことになりました。

　私はこの事実を知った時、「やはり！」と合点がいきました。Dennis the Menaceは、ケッチャム氏が「我が子」にインスピレーションを得て生み出されていた作品だったのです。「我が子」とのリアルなコミュニケーションがあればこそ、作品に魂が吹き込まれたはずです。

　デビュー以降、Dennis the Menaceは活躍の場を広げていきます。テレビでは、1959年から1963年にかけて実写ドラマ化、1988年から1989年にかけてはアニメ化され、世界各国で放映されました。多数出版された作品集の書籍は、総計で5000万冊を売り上げました。1993年、ジョン・ヒューズ（「ホーム・アローン2」製作者）の製作・脚本で映画（邦題「わんぱくデニス」）にもなりました。

　2001年3月、Dennis the Menaceは生誕50周年を迎えました。この時、ケッチャム氏の年齢は81歳に達していまし

た。当時の新聞記事（*The Daily Yomiuri*, March 5, 2001）には、氏のこんなコメントが掲載されました。

> "Nothing changes with kids four and five years old all over the world."（「世界中どこでも、4、5歳の子供たちは何一つ変わってないよ。」）

　記事には、元気そうに仕事場で微笑む氏の写真も掲載されていました。氏のご達者ぶりを知り、私もうれしさがこみ上げました。しかし、その3か月後の同年6月、思いがけず氏の訃報を聞くことになります。

　ケッチャム氏は、生前、すでに二人の漫画家にバトンタッチを済ませていました。バトンタッチ後、氏は「監修」として日々、連載作品をチェックし、自らのサインを書き入れ続けました。ケッチャム氏亡き今日もデニス連載が続くのは、ロン・フェルディナンド（Ron Ferdinand）氏、マーカス・ハミルトン（Marcus Hamilton）氏という二人の後継者のおかげです。

　Dennis the Menace 日曜版（複数コマ版）の担当は、はや1982年にフェルディナンド氏が引き継いでいました。一方、一コマ版の作成をハミルトン氏が引き継いだのは1995年のことでした。今日、フェルディナンド氏も一コマ版作成に加わっています。

　本書に登場するデニス作品は、ケッチャム氏、ハミルトン氏、フェルディナンド氏による三者の作品が混在しています。

少々見つけにくいのですが、作品中に作者のサインと作品の発表年、および月日が書き入れられています。とりわけ月日は作品を読み解く上で重要な役割を果たすことがありますので、参考にしてください。

　世界1000紙以上に今日も連載が続くDennis the Menaceですが、日本では、2011年2月に「ヘラルド朝日（International Herald Tribune）」（2001年4月創刊）が廃刊になったことに伴い、新聞連載がストップしました。ちなみに日本での連載スタートは、「ヘラルド朝日」の前身である「朝日イブニングニュース（Asahi Evening News）」が手がけました。
　日本の英字新聞紙上からは、忽然と姿を消したデニスですが、今日、ありがたいことにネット上でデニス作品にアクセスができます。Dennis the Menaceの公式ホームページ（http://dennisthemenace.com/）を検索すると、その日に配信されているデニス作品がトップ・ページに登場します（2015年1月現在）。バックナンバーも数年分にわたり閲覧可能です。デニス漫画は、今や無料でアクセスできるのです。皆さんの英語学習に利用しない手はありません。

# CHAPTER 2

## デニス鑑賞の手引き：
## スロー・ラーニングによる一発学習

　デニス漫画の鑑賞に特定の様式はありません。皆さん一人一人の感性を大切に、まずは虚心坦懐にアプローチしてみてください。この章では、デニス漫画に親しむ上で、最低限、心に留めておいていただきたいことについて述べます。

　デニス漫画の鑑賞は、読み慣れるまでは、「スロー・ラーニング」に徹することをお薦めします。一コマ一コマ、じっくりと時間をかけて、各作品の面白さがどこにあるのかを考え抜いてください。5歳児が話す英語ですから、もちろん文法や語彙はさほど難しくありません。英語が得意な方であれば、一見、拍子抜けしそうなレベルです。

　ただし、だからと言って、漫画の面白さがすぐに分かるとは限りません。デニスは5歳児とはいえ、いや、5歳児だからこそ、卓抜なコミュニケーション能力を備えています。常識にとらわれない頭の柔軟さ、とび抜けた感性を駆使して発せられる言葉は、時として、大人の度肝を抜くインパクトがあります。

　漫画の面白さにピンと来ない時は、描かれている絵をじっく

りと眺め、何度も何度もセリフを読んで、セリフの裏にあるデニスの意図や思いを推察してください。解釈は必ずしも一通りとは限りません。

　自分なりの思いをめぐらしながら、「そうか！」とひらめく瞬間が来ればしめたものです。脳科学者・茂木健一郎氏がよく指摘する「アハ・モーメント（aha moment)」です。それまで理解できなかったことが、ふとしたきっかけで「腑に落ちる」瞬間です。脳の神経細胞がいっせいに活動して、その瞬間に世界の見え方がガラッと変わります。
　茂木氏は『ひらめき脳』（新潮新書）で、「スロー・ラーニング」の意義を語ります。他人に教えられるより、自分でじっくりと考えて気づいた知識は頭の奥深くに定着します。いわゆる「一発学習」の成立です。
　自発的に何かを発見して、それが脳に定着するという時間の流れは「贅沢」な学びのプロセスです。遠回りのように聞こえますが、「一発学習」の積み重ねで培われる効力は計り知れません。
　今日の英語学習者は、「スロー・ラーニング」への関心がきわめて薄いように思われます。べらべら話せることや資格試験の点数が上昇することに憧れを抱き、ひたすらつめ込み学習に走る傾向があります。よほどの英語好きでない限り、これでは記憶が定着しないままに、英語の勉強が苦しくなる一方でしょう。

デニス漫画の真骨頂は「アハ・モーメント」による「一発学習」ができることです。脳が喜ぶ学習法の導入で、暗記一辺倒の苦しみから徐々に解放されていく効果が期待できます。「アハ・モーメント」のインパクトをじかに感じ取ってください。

# CHAPTER 3

## デニス・ワールドのキャスト：
## 個性と個性が織りなす日常ドラマ

　デニスをとりまくキャストを知ることがデニス漫画を読み解く上で重要な鍵になります。Dennis the Menaceに登場する主要キャストは、デニスを含め、両親、おじいちゃん、隣家の老夫婦、近所の友だち等、老若男女9人、および飼い犬と飼い猫の2匹です。

　「デニス・ワールド」は、個性と個性が織りなすドラマが巧みに描かれます。この章では、まず主要11キャストを順に紹介します。あわせて、各キャストが出演する作品も紹介しますので解釈のコツを学んでください。キャストそれぞれの個性を知ることで、デニス作品の理解が深まります。

　もちろん、Dennis the Menaceには、主要キャスト以外の様々なキャラクターも登場します。本書ですべてを紹介しきれませんが、警官、ベビーシッター、牧師、幼稚園の先生、図書館員、店員などが定番です。

　すなわち、5歳児デニスを取り囲む面々はごくごく「普通の人々」であり、描かれる世界は私たちの「日常」そのものです。「デニス・ワールド」はそれゆえ「舞台」の普遍性があり、

時間と空間を超えて、世界中の人々を共感させる力を発揮します。

　同時に、生活感あふれる生のアメリカ文化の香りが、一コマ一コマに漂うこともこの漫画の魅力の一つです。日本にいながらにして、アメリカの空気を吸っているような感覚も味わえます。

　一つだけお断りしておきます。Dennis the Menace 作品では、パパやママをはじめ、デニス以外の人物がセリフを発している作品も普通にあります。便宜上、本書では主人公デニスの言語スタイルに焦点を絞ることにし、紹介する 34 編の作品は、いずれもデニスがセリフを発している作品を選びました。

　それぞれの作品に英単語のクイズを用意しました。マーク・フランク氏が加わり、対話形式で解説を展開します。クイズの答えだけでなく、様々な文化情報が盛り込まれていますので、より深い作品理解に結びつけてください。

**Dennis the Menace の主要キャスト**
（Dennis the Menace 公式ホームページより）

## Dennis Mitchell（デニス・ミッチェル）

ミッチェル家の一人っ子で幼稚園（pre-school）に通う永遠の5歳児。類まれなわんぱくぶりと型破りな発話力で周囲をかき乱す。今日は誰が「menace（脅威）」にさらされるのか？

"Can I ask to be forgiven for what I'm planning to do tomorrow?"

## 日本語訳

### 「明日やろうとしていることなんですが、許してもらえるでしょうか？」

## 語句

Can I ask to ...? …することをお願いしてもいい？
forgiven（forgive「許す」の過去分詞／be forgiven　許される）
what I'm planning to do　私がやろうとしていること
　（what＋S＋V　SがVすること）

## 文化

ベッド上のぬいぐるみは、「テディベア（teddy bear）」と呼ばれ、アメリカの乳幼児が就寝時等に愛玩する癒し系グッズ。デニス漫画では、お祈りやお仕置きの場面でよく描かれる。

## クイズ

「**お祈り**」って英語でなに？

## デニス・ミッチェル編　作品解説

### "Can I ask to be forgiven for what I'm planning to do tomorrow?"

「明日やろうとしていることなんですが、許してもらえるでしょうか？」

就寝前のお祈りはアメリカに根づく宗教文化です。

やましさがある時は、デニスも神様に必死にお祈りをし、許しを乞います。

いつもなら、すでにやらかしてしまった不始末をざんげ（言い訳？）するデニスですが、今回はちがいます。

神様のお叱りを受ける、と分かっていても、抑制が効かない「たくらみ」を思いついてしまったのです。

デニスは悩みますが、「いっそのこと、前もって」と、「ざんげ」の先取りを断行します。

神様にお祈りするデニスは、いつも真剣そのものですが、どうしてもお調子者になってしまうようです。

## 「お祈り」って英語でなに？

マーク：答えは「**prayer**（プレア）」。「pray（お祈りする）」の名詞形だよ。

中　村：腕白なデニスが真剣に神様にお祈りしているのは意外。内容はともかくとして。

マーク：神様とこんなに親密に対話できるのは実はすごいことだ。キリスト教信者だったら、きっと、「うらやましい！」と感じてしまう。

中　村：デニスの知られざるパワーだ。日本では「お参り」が普通だけど、声は出さないし、誰に向かって話しているかもあまり意識しない。

マーク：そこがお祈りとお参りの大きな違いだね。キリスト教では、神様にしっかりと本心を伝える。

中　村：子供の頃から、神様と1対1で対話しながら成長していく。アメリカ人が言論に強くなるのも分かる。

マーク：デニスは言い逃れ術を徹底して鍛えているみたいだけどね。

## Alice Mitchell（アリス・ミッチェル）

いつも快活で魅力いっぱいのママ。デニスのわんぱくぶりに翻弄されながらも、あふれ出る愛情でデニスを暖かく包みこむ。忍耐力は人一倍強いが、時として堪忍袋の緒が切れることも…。

**"How come I hafta wear a sweater, when YOU'RE cold?"**

### 日本語訳

### 「何でボクがセーターを着なきゃなんないの？
### 寒いのはママなのにー」

### 語 句

How come ...?　何で…なの？
hafta（have to が速く発音された音を文字化した表記）
sweater（発音は「ス**ウェ**ター」）セーター
when ...　…なのに

### 文 化

セーター（sweater）は、「汗（sweat）をかかせるもの」がもとの意味。19世紀末、アメリカンフットボールのチームが、汗をかいて減量するためのユニフォームとして採用した頃から、その呼称が広まった。

### クイズ

「秋風」って英語でなに？

## アリス・ミッチェル編　作品解説

## "How come I hafta wear a sweater, when YOU'RE cold?

「何でボクがセーターを着なきゃなんないの？
寒いのはママなのにー」

子供は「風の子」と言うように、少々の寒さもへっちゃらです。

いつも、わんぱくに動き回るデニスですから、厚着を嫌うのはもっともです。

ママは季節がら、デニスの健康を気づかっているのですが、「親の心子知らず」で、当のデニスは意に介しません。

少々薄着気味のママは、デニスの単刀直入な言い草に返す言葉を失っています。

「ママの言うことを聞いておけば…」と、あとで後悔するのは、いつもデニスのほうなのですが。

## 「秋風」って英語でなに？

マーク：「**fall breeze**（フォール・ブリーズ）」が正解。イギリス、オーストラリアでは「fall（フォール）」でなく、「autumn（オータム）」を使う。「秋風」がどうかしたの？

中　村：「秋風」や「秋草」は、日本語では風情ある言葉なんだ。俳句でもよく使われる。英語に直訳しても、やっぱり風情が伝わらないよね。

マーク：日本人は秋に特別な思い入れがあるみたいだね。虫の声を鑑賞するんだって？　アメリカ人にはちょっと信じられない。

中　村：そういえば、「虫の声」も俳句の季語だ。日本人は季節の変化に敏感なんだ。

マーク：「fall」は、秋になると木の葉が「落ちる（fall）」ことに由来する語。ロマンチックだけど、ネガティブさも漂う。

中　村：ネガティブと言えば「秋風が立つ」は男女間の愛情が冷めること。「秋」と「飽き」が掛け言葉になっている。

マーク：「秋」という言葉は深いんだね！

## Henry Mitchell（ヘンリー・ミッチェル）

航空技師を務める32歳のパパ。デニスが巻き起こすトラブル処理はママ任せにすることが多い。デニスに本を読んで寝かしつけるのが毎晩のお役目。一日の終わりにどっと疲れが回ることに。

"Will you write ME one, too?
I was going just as fast as HE was!"

### 日本語訳

**「ボクにもそれ、書いてよ。
ボクもパパと同じ速さで走ってたんだから！」**

### 語 句

Will you ...?　…してもらえる？
write me one　私にそれを書く
　（この場合、oneは「違反切符（ticket）」のこと）
as fast as ...　…と同じくらい速く

### 文 化

アメリカは右側通行（keep to the right）で、車は左ハンドル（left-hand drive）。安全のため、子供は助手席（passenger seat）でなく後部座席（back seat）に乗せる習慣が徹底している。

### クイズ

「**パトカー**」って英語でなに？

## ヘンリー・ミッチェル編　作品解説

## "Will you write ME one, too?
## I was going just as fast as HE was!"

「ボクにもそれ、書いてよ。
ボクもパパと同じ速さで走ってたんだから！」

男の子にとって警察官はあこがれの存在です。

スピード違反で捕まり、すっかりしょげているパパとは裏腹に、警察官に面と向かって話をするデニスはわくわく胸を躍らせています。

おまけに、とてつもない理屈で違反切符までねだる始末です。

パパは「オレの気も知らずに！」といら立つばかりでしょう。

パパとデニスの表情のちがいは一目瞭然ですね。

そのちがいが、この一コマに「天国と地獄」を描き出しています。

## 「パトカー」って英語でなに？

マーク：「**patrol car**（パトロール・カー）」、「**police car**（ポリス・カー）」、どちらもＯＫ。ただし、「パトカー」は和製英語。

中　村：警察官は、「男の子の夢」ランキングでいつも上位に来る。日米ともに子供の憧れの職業だね。

マーク：アメリカでは、消防士（fire fighter）の人気がそれ以上に高い。みんなから特別に尊敬される職業だ。

中　村：このところ、日本での一番人気はサッカー選手のようだ。かつてスポーツの王者だった野球がサッカーに押され気味。

マーク：アメリカではサッカー人気がいまいちだ。「四大プロスポーツ」に人気が集中する。一番はアメフトかな。あとは、野球、バスケ、そしてアイスホッケー。

中　村：マークの子供の頃の夢は？

マーク：月並みだけど野球選手になることが夢だった。カード集めに熱中してたなあ。

## Grandpa Johnson（ジョンソンおじいちゃん）

スウェーデンの血を引き、上品さが漂うママの父親。年に何度かミッチェル家を訪れる。可愛い孫を喜ばせようと、年齢不相応の無理をして、ぐったりと疲れてしまうことも。

"Grandpa, how come
you raised mom to be so TOUGH?"

## 日本語訳

### 「おじいちゃん、何でママを あんなにこわーいママにしちゃったの？」

## 語 句

how come ...?　何で…なの？
raise　育てる
tough　こわい、厳しい

## 文 化

部屋の隅っこ（corner）で壁に向かって、椅子に座らされるのがアメリカ流のお仕置。「タイムアウト（timeout）」と呼ばれる。

## クイズ

**「お仕置き」**って英語でなに？

## ジョンソンおじいちゃん編　作品解説

### "Grandpa, how come you raised mom to be so TOUGH?"

「おじいちゃん、何でママをあんなにこわーいママにしちゃったの？」

ママに叱られ、部屋に座らされているデニスをなだめに来たおじいちゃん。

デニスは反省のかけらもないようです。

それどころか、逆におじいちゃんが責められる羽目に陥りました。

ママがこわいのはおじいちゃんの育て方に問題があったのだと言いたげです。

まさかの責任転嫁にとまどいつつも、「さすが娘の子じゃわい！」とデニスを見直したかもしれませんね。

デニスはまさに「脅威（menace）」です。

## 「お仕置き」って英語でなに？

マーク：答えは「**punishment**（パニッシュメント）」。「timeout」は、「頭を冷やしてきなさい！」という感じのお仕置き。

中　村：日本人の感覚だと、部屋で椅子に座らされるくらい、どうということはない。なぜそれがお仕置きなのかと思う。

マーク：自由を奪われると苦痛が大きいのがアメリカ文化だ。もう少し大きくなると、今度は「外出禁止」の罰が待っている。

中　村：日本人の場合、集団から疎外されるのがつらい。「出てけ！」とか、「ウチの子じゃない」が脅し文句で使われる。

マーク：アメリカは「家から出るな」で、日本は「家から出てけ」。正反対だね。

中　村：日本では、押し入れに閉じ込める、という罰が昔あったけど、あれも、どちらかというと家族からの仲間外れだ。

マーク：しつけの違いって、奥が深い。お仕置き一つとっても文化の香りがするね。

## George Wilson（ジョージ・ウィルソン）

運動不足でメタボ気味のお隣のおじさん。デニスにかく乱される日々が続く。長年勤めた公務員（郵便局員）の仕事を終え、悠々自適の生活に移行するはずだったのだが…。

**"Smile, Mr. Wilson!"**

"SMILE, MR. WILSON!"

## 日本語訳

### 「笑って、ウィルソンさん！」

## 語句

smile　微笑む

　（laugh 声を出して笑う／grin にやりと笑う／giggle くすくす笑う）

## 文化

"Smile!"は写真を撮る時の一般的な表現。他に、"Say cheese!"（「はいチーズ」）や、"Three, two, one!"もよく使われる。

## クイズ

「**日曜大工**」って英語でなに？

## ジョージ・ウィルソン編　作品解説

### "Smile, Mr. Wilson!"
「笑って、ウィルソンさん！」

日曜大工はアメリカの日常的な光景です。

老骨にむち打ち、梯子をのぼるウィルソンさんですが、体がブルブル震え、老いは隠せません。

そこに運悪く、隣りのチビ（他ならぬデニス）が登場します。

おじさんの気も知らずに、カメラを向けてきました。

木登りが大好きなデニスは、おじさんを「クール！」と思ったようです。

おじさんは、笑うことはおろか、下を向くことさえできません。

誰だって梯子のてっぺんで笑っている写真など撮られたくないですよね。

「このくそガキ！」と思いつつ、はしごをギュッと握りしめるのが関の山です。

## 「日曜大工」って英語でなに？

マーク：答えは「**DIY**（ディー・アイ・ワイ）」。「Do it yourself」のことだよ。

中　村：つまり「自分でやる」という意味？

マーク：アメリカ人は何でも自分でやりたがる。住まいの補修も業者に頼らない人が多い。週末レジャーのような感覚でやってるよ。

中　村：一昔前のアメリカは「日常」がDIYそのものだったね。テレビドラマ『大草原の小さな家（Little House on a Prairie）』はそんな世界だった。

マーク：西部開拓時代は、何から何まで「自分たちで」だった。大工さんがいないところもいっぱいあった。

中　村：DIY文化が育つわけだ。ウィルソンさんが、年に負けずに頑張るのも分かる気がする。

マーク：DIYは、アメリカ人の自立と倹約の精神を見事に表わしているね。

## Martha Wilson（マーサ・ウィルソン）

お隣の家のおばさん。デニス嫌いの夫ジョージの大人げなさをたしなめ、いつもデニスを暖かい目で見守る。お菓子作りの達人で、デニスはおばさんの焼くクッキーやアップルパイに目がない。

**"Have you got anything this MILK would be good with?"**

## 日本語訳

### 「このミルクにぴったしなもの、何かある？」

### 語句

Have you got ...?（Do you have ...? のカジュアルな表現）
anything　何か（anything ＋ [that] ＋ S ＋ V　SがVする何か）
be good with ...　…と相性がいい

### 文化

アメリカの牛乳（milk）は「リットル（liter）」でなく「ギャロン（gallon）」単位で売られる。1 ギャロン（3.785 リットル）が普通サイズ。ちなみにガソリン価格の表示も 1 ギャロン単位。

### クイズ

**「手作り」**って英語でなに？

## マーサ・ウィルソン編　作品解説

## "Have you got anything this MILK would be good with?"

「このミルクにぴったしなもの、何かある？」

お隣のウィルソン夫人が焼くクッキーのいい匂いが漂ってきました。

デニスは居ても立ってもいられません。

ただ、いきなり押し掛けて「ちょうだーい！」では、あとでママに叱られそうです。

思いをめぐらし、家から一杯の牛乳を持っていくアイディアがひらめきました。

要は、言葉たくみにクッキーをせがんでいるのです。

もちろんおばさんは、デニスの浅知恵をすべてお見通しです。

デニスの口八丁手八丁に、少々、面食らっているようですが。

## 「手作り」って英語でなに？

マーク：答えは「**homemade**（ホームメイド）」。家具や服だったら、「**handmade**（ハンドメイド）」もＯＫ。

中　村：クッキーは、アメリカの手作り菓子（homemade sweets）の代表だね。

マーク：アップルパイとともにね。家庭ごとに受け継がれてきたレシピがあり、いわば、アメリカ版「おふくろの味」だ。

中　村：アメリカはファストフードのイメージが強いけれど、しっかりとスローフードも残っている。

マーク：あくせくとした世の中だから、なおさら美味しく感じるのかも。心の栄養にもなる。

中　村：しあわせをかみしめる、ということだね。

マーク：確かに。だから永遠に伝わっていく。「クッキーよ、永遠なれ！」

## Margaret Wade（マーガレット・ウェイド）

近所の女の子。読書好きでピアノやバレエを習っている。おしゃまでおしゃべり。お気に入りのデニスへのおせっかいを欠かさない。デニスに悪態をつかれるが、すぐに立ち直るのが持ち味。

"I'd rather drown."

## 日本語訳

### 「いっそ、溺れ死んだ方がましさー」

### 語句

I'd rather ...　いっそ…したほうがいい
　（I'd ＝ I would ／ would rather ...　いっそ…したほうがいい）
drown（発音は「ドラウン」）溺れ死ぬ

### 文化

アメリカでは、多少の雨が降っても傘を差さない人が多い。車社会であることや、フードつきの服で済まそうと考える人が多いことが要因。傘売り場が少なく、傘がおしゃれ感覚と結びつきにくい。

### クイズ

**「どしゃ降り」**って英語でなに？

## マーガレット・ウェイド編　作品解説

### "I'd rather drown."

#### 「いっそ、溺れ死んだ方がましさー」

どしゃ降りの中、マーガレットから相合い傘の誘いが来ました。

渡りに船かと思いきや、デニスはかなり強烈な拒絶シグナルを発します。

デニスにとって守るべきは「支配を受けない」自由、そして女の子に「かばわれたくない」男のプライドです。

口うるさいマーガレットの傘に入れてもらうことなど「くそくらえ！」なのです。

彼女のおせっかいを撃退せんと、思いっきりの本音が口を突いて飛び出します。

実はマーガレット、デニスの毒舌はもう慣れっこ。ケロリと放たれるところに、毒消し効果が働くのかもしれません。

## 「どしゃ降り」って英語でなに？

マーク：**heavy rain**（ヘヴィー・レイン）」が普通の言い方だけど、"rain cats and dogs" という面白い慣用句もある。

中　村：どういうこと？「土砂」じゃなくて、猫と犬が降ってくるの？

マーク：実は語源は謎で、いろいろな説がある。どしゃ降りの音が犬と猫の喧嘩みたいだ、とか。

中　村：デニスなみのこじつけだね。どしゃ降りと言えば、この前の台風（typhoon）を思い出す。この語源も実ははっきりしない。

マーク：アメリカ版の台風はハリケーン（hurricane）。スペイン語の「ウラカーン」（暴風の神）に由来する。

中　村：東南アジア版はサイクロン（cyclone）だね。これはサイクル（cycle）と結びつけると何となく分かる。

マーク：台風、ハリケーン、サイクロンは、すべて「熱帯低気圧」。発生地によって、名前が決まる。アメリカの国籍の決め方と同じで出生地主義だ。

## Joey McDonald（ジョイ・マクドナルド）

デニスの弟分的存在。内気な性格で、いつもデニスを頼りにして遊んでいる。デニスがお兄さん風を吹かせる無二の相棒。ハチャメチャなデニスのコメントにも素直に耳を傾ける。

### "Kick it again, Joey! You can't strike out in soccer!"

### 日本語訳

> 「もう一度蹴るんだ、ジョイ！
> サッカーに三振はないんだ！」

### 語句

can't ...　…することはありえない
strike out　三振する（野球用語）

### 文化

サッカー（soccer）の公式名称はassociation footballで、assocという略語がsoccerに転じた。イギリスでは、footballがより一般的に使われる。

### クイズ

「PK戦」って英語でなに？

### ジョイ・マクドナルド編　作品解説

## "Kick it again, Joey!
## You can't strike out in soccer!"

「もう一度蹴るんだ、ジョイ！　サッカーに三振はないんだ！」

サッカーの試合中です。デニスは味方チームの足を引っ張り気味の相棒ジョイに思わず応援の声をかけます。

サッカーは野球のように「三振」のルールがないから、「空振り」なんか気にしないで、思い切ってキックしろよ、と激励したのです。

珍妙ながら「言いえて妙」。粋な助言ですね。

大人の常識にとらわれない奔放な発想がデニスの持ち味です。

このアドバイスが功を奏して、ジョイも今度こそはキックに成功するかも？

野球だのサッカーだのと、こだわりを持たない子供の世界の楽しさが伝わってきます。

## 「PK戦」って英語でなに？

マーク：答えは「**penalty shootout**（ペナルティー・シュートアウト）」。「shootout」だけでも大丈夫。略号は「PSO」。「PK」は和製英語だよ。

中　村：サッカー用語で和製英語って他に何がある？

マーク：まず「ヘディング」かな。これは「header（ヘダー）」が正しい。「ヘディングする」（動詞）は「head」。「ヘディングシュートを決める」は、"score with a header"とか"head the ball to the goal"になる。

中　村：意外と知られてないね。他には？

マーク：あとは「シュート」。これは「シュートする」という意味の動詞で、名詞は「shot（ショット）」が正しい。「いいシュート」は"good shoot"ではなく"good shot"になる。動詞の過去形も「shot（ショット）」だから、「シュートした」は"shot（the ball）"になる。

中　村：サッカーの和製英語はかなりややこしい。

マーク：このへんにしておくよ。読者は疲れちゃったかな。

## Ruff（ラフ）

ミッチェル家の飼い犬。デニスは兄弟同様の愛情を注いでいる。いつもニヒルな表情で聞き耳を立て、「主人（デニス）」を忠実にサポートする。デニスとの「阿吽（あうん）の呼吸」に注目。

**"Move over, boy.
I'm gonna stay with you 'til mom cools off."**

"MOVE OVER, BOY. I'M GONNA STAY WITH YOU 'TIL MOM COOLS OFF."

## 日本語訳

**「おい、詰めてくれ。
ママの機嫌が収まるまでここにいるよ」**

## 語句

move over　詰める

boy（親しみをこめた呼びかけ語）

gonna（going to が速く発音された音を文字化した表記）

'til ＝ till（till＋S＋V　SがVするまで）

cool off　冷静になる

## 文化

アメリカペット用品協会資料（2011年）によれば、アメリカ人気ペット1位は淡水魚（1億5110万匹）。猫と犬が2位を争っている。猫（8640万匹）が犬（7800万匹）をややリード。

## クイズ

「犬小屋」って英語でなに？

## ラフ編　作品解説

### "Move over, boy.
### I'm gonna stay with you 'til mom cools off."

「おい、詰めてくれ。ママの機嫌が収まるまでここにいるよ」

いたずらをやらかし、ママの逆鱗に触れてしまったデニス。

しばし身を隠し、ママのほとぼりが冷めるのを待つ作戦に出ます。

孤立無援の中、頼みの綱は愛犬ラフ。デニスはラフの犬小屋に身を寄せんとします。

内心はパニくりながらも口ぶりはエラそう。ラフの前では「主人」の体裁を保ちます。

犬小屋を「駆け込み寺」にしてしまうデニスの突破力に脱帽です！

## 「犬小屋」って英語でなに？

マーク：答えは「**doghouse**（ドグハウス）」。ペット犬預かり所のようなところは「kennel（ケネル）」という。

中　村：kennelは「ken＝犬」＋「nel＝寝る」と覚える語呂合わせがよく知られている。

マーク：日本語と英語の合作ダジャレだね。日本ではどんな犬が人気？

中　村：最新のランキングでは、トイプードル、チワワ、ミニチュアダックスフントの順になっている。アメリカでは？

マーク：このところずっと、ラブラドルレトリーバーが首位。シェパード、ゴールデンレトリーバーと続く。

中　村：小型犬と大型犬にきれいに分かれた。お国柄が出ているなあ。ラフも大型犬だね。

マーク：血統はよく分からないけど、デニスとのシンクロぶりがお見事だ。

## Gina Gillotti（ジーナ・ジロッティ）

可愛さとたくましさを兼ねそろえ、デニスが一目置く女の子。運動神経がよく、大抵の女の子が怖気づくトカゲや虫も平気。いちいち口出ししないカラッとした性格がマーガレットとは対照的。

**"Sometimes it doesn't come back by itself, so I've got Ruff as backup!"**

"SOMETIMES IT DOESN'T COME BACK BY ITSELF, SO I'VE GOT RUFF AS BACKUP!"

### 日本語訳

**「たまーにこれ、戻って来ないことがあるから、ラフを助っ人にしているんだ！」**

### 語句

by itself　ひとりでに
I've got ...（I have ...のカジュアルな言い方）
backup　補充（要員）

### 文化

ブーメラン（boomerang）は、風に向かって右45度の角度で投げる。安物のプラスチック製ブーメランでも、工夫と練習を積み重ねれば、ちゃんと戻ってくるようになるという。

### クイズ

**「フリスビー」** って英語でなに？

## ジーナ・ジロッティ編　作品解説

### "Sometimes it doesn't come back by itself, so I've got Ruff as backup!"

「たまーにこれ、戻って来ないことがあるから、ラフを助っ人にしているんだ！」

楽しげにブーメランで遊ぶデニスですが、腕前はまだまだのようです。

気になる女の子ジーナを前に、プライドが顔をのぞかせます。

「時々（sometimes）」でセリフを切り出しましたが、少々苦し紛れ。ブーメランが戻って来ないのは、実のところ「しょっちゅう（often）」なのでしょう。

下手さをカモフラージュしようと、愛犬ラフを運び役につけていることを誇ります。

そんな自慢はいざ知らず、ジーナは、デニスとラフの「二人三脚」を興味深げに眺めています。

ラフの流し目も意味深長ですね。

## 「フリスビー」って英語でなに？

マーク：答えは「**Frisbee**（フリズビー）」。英語では「ス」ではなく「ズ」の音になる。アメリカのパイメーカーの名前で、パイ皿を投げる遊びから生まれたんだ。

中　村：一方、「boomerang（ブーメラン）」はオーストラリアの原住民の言葉で、彼らにとっては、生活と切り離せない狩猟道具。

マーク：ブーメランもフリスビーも、遊びで人気があるだけじゃなく、正式なスポーツ競技にもなっている。

中　村：ブーメランは、どれだけ投げた地点の近くに戻ってくるかを競うところが斬新だ。

マーク：不思議な物体だから子供たちも心を惹かれるよね。デニスがカッコつけたくなるのも分かるような気がする。

中　村：ブーメランとフリスビーの「複合競技」をオリンピック種目にしたらどうだろう。

マーク：それは名案。両方ともマスターできたらすごいことだ。

## Hot Dog（ホットドッグ）

ミッチェル家の飼い猫。何事にも無頓着でデニスがどんな目にあおうが「我知らず」を貫き通す。いつも落ち着き払い、物静かながら独特の存在感を醸し出す。

**"I was hopin'
this year would be DIFFERENT."**

## 日本語訳

### 「今年はこんなじゃないといいな、って思ってたのに」

### 語句

hopin' ＝ hoping （hopeのing形／was hoping ...　…と願っていた）
would （willの過去形）
different　異なる

### 文化

アメリカではお正月を祝う習慣がほとんどない。元日は、テレビでフットボールやパレードを見て過ごす人が多い。ただし、「新年の誓い」の習慣は日本と同様に普及している。

### クイズ

**「新年の誓い」**って英語でなに？

### ホットドッグ編　作品解説

## "I was hopin' this year would be DIFFERENT."

**「今年はこんなじゃないといいな、って思ってたのに」**

新しい年を迎えると、子供はわくわく感、フレッシュ感に包まれます。

今までのヘマがすべて帳消しになるかのような錯覚につい陥ってしまいます。

新年早々、デニスは「相変わらず」の不始末をしでかします。

新しい年になって、何かが変わってくれるのでは、と期待したのですが、ママからの「いつも通り」のお仕置き（34-35ページ参照）が待っていました。

淡い期待は、早くも吹っ飛びました。

飼い猫のホットドッグに不満をぶちまけたところで、何の解決にもなりませんね。

## 「新年の誓い」って英語でなに？

マーク：答えは「**New Year's resolution**（ニューイアーズ・レゾリューション）」。resolutionは、動詞「**resolve**（リゾルヴ）」（「決心する」）の名詞形だ。

中　村：アメリカのお正月は日本のお正月とかなり違いがあるようだね。

マーク：クリスマスが1年で一番大きな祝日で、クリスマスの祝祭ムードが1月1日で終わるという感じかな。あまり新年を祝うことはない。

中　村：文字通り、「あとの祭り」だね。日本は、この日から始まる「正月3が日」が一番重要な祝祭。最近は、1月1日に働く人も増えたし、祝祭ムードも薄れてきた感じ。

マーク：ところで今年は「新年の誓い」を立てた？

中　村：もちろん。この本を出版して、日本でデニスをもっと有名にしたいね。

マーク：日本の英語教育のためにも、デニス旋風が巻き上がるといいね。

# CHAPTER 4

## デニス作品読解に挑戦：
## 立体思考で「アハ・モーメント」へ

　前章で 11 のキャストおよび作品を紹介しました。各編で「アハ・モーメント」を体験できたでしょうか。「デニス・ミラクル」を実感できたしょうか。まだまだてこずっている人が大半かもしれませんね。

　キャストの性格、そしてキャスト間の人間関係が把握できると作品理解もずいぶん楽になります。ただ、それだけでは足りないことも多々あります。デニス漫画を堪能するためには、さらに柔軟な「立体思考」を必要とします。

　すでにお気づきのように、Dennis the Menaceはセリフをただ機械的に日本語に訳しただけでは、面白さがすんなりと伝わってきません。

　言葉には血が通っています。「心」や「文化」が詰まっています。話し手は、自分の「心」のすべてを言葉で表現するわけではありません。また、「文化」は、「了解されているもの」という前提があ

りますから、話し手はいちいち文化の説明を挿入してはくれません。

　まず心を読み取ることが重要です。キャストの心の奥底に潜む「ホンネ」を察知できるかどうかです。Dennis the Menaceを読み解く一つの鍵は、生命感あふれる子供の自由な発想を読み手が理解できるかにあるのです。
　加えて、アメリカの文化を知らないと読み解けない作品が多数あります。例えば、前章に見た「お仕置き」や「お祈り」の習慣は日米間で想像以上に大きな違いがあります。宗教観や国民性の違いが、ごく小さな日常的行為であれ、様々なコミュニケーション・スタイルの違いを生み出すのです。

　すなわち、デニス漫画を読み解くためには、「文字通り」の英文解釈に加え、場面や状況、キャストの個性、キャスト間の人間関係を把握した上で、（秘められた）心や（隠された）文化を推し量りながら、それらの要素を立体的に組み合わせて鑑賞することが求められます。「立体思考」は、往々にして、多様な解釈を導きます。
　入学試験、資格試験の英語は、通常、「立体思考」を必要としません。一つの「問い」に一つの「答え」というのがお決まりであり、解釈の多様性はむしろ排除されます。文字通りの解釈、すなわち「平面思考」ができれば、それだけで試験問題は十分にこなしていけます。

「平面思考」と「立体思考」のどちらがコミュニケーションの実像に近いでしょうか。普段の母語（日本語）のコミュニケーション活動を思い起こしてみれば分かります。両者はともに実像であり、お互いに補完しあっています。コミュニケーションは「平面思考」と「立体思考」の融合とバランスの上に成立しているのです。

　いわゆる受験英語を悪者扱いする意図はありません。日本人英語学習者にとって、長文読解力、語彙力、文法力の徹底した

訓練は絶対に必要です。私自身、アメリカの大学院でどうにか学業をこなせたのも、デニスを今こうして堪能できるのも、受験英語の土台があればこその話です。

ただ、語学学習が「平面思考」オンリーになった場合、かなりの割合で「英語嫌い」が生み出されるように思えます。デニスの英語に手も足も出ないと感じるなら、それは「平面思考」オンリーの英語学習のツケが要因であると考えてよいでしょう。受験秀才を自負する方々がデニスをすんなり読み解けるとは限りません。

デニス作品は初歩的な「立体思考」の訓練ができる稀有な素材です。「平面思考」に偏る英語学習に違和感を覚えている人ほど、デニスの情感たっぷりな英語に魅了されるはずです。

この章では、Dennis the Menace 作品をさらに23編用意しました。いずれもこれまで受講した学生の評判がよかった珠玉の作品群です。

作品1〜10は、語句解説、日本語訳、作品解説をつけました。各作品について自分なりの解釈を導いた上で、本書の解釈と比較してみてください。おそらく、大なり小なり、解釈の「違い」が見つかることでしょう。「違い」に落胆する必要はありません。「違い」が「間違い」とは限らないのです。懸命に考え抜いたプロセス、そして、あなた自身が生み出したユニークな発想そのものに価値があると考えてください。

作品11〜23の13編は、読者に思う存分「スロー・ラーニ

ング」を楽しんでもらうため、一切の解説を省きました。そのままのデニス作品に向き合ってみてください。ちなみに、主要キャストが総出演しますので、前章のキャスト紹介を手掛かりにしてください。解釈は読者一人一人に委ねられます。自分の解釈を他者の解釈と比較するわくわく感もお楽しみください。

　こうした積み重ねが土台になって、英語コミュニケーション能力の底力が鍛えられていくのです。「立体思考」がすべての作品解釈において必要になります。「スロー・ラーニング」に徹してください。「アハ・モーメント」到達の瞬間を目指し、じっくりと思考をめぐらしてください。

## 作品 1

(初級) 中級　上級

### "It's from our teacher ... and I've ALREADY been scolded!"

"IT'S FROM MY TEACHER...AND I'VE ALREADY BEEN SCOLDED!"

### 語 句

I've ＝ I have

already　すでに

scolded（scold「叱る」の過去分詞／be scolded　叱られる）

## 作品1　日本語訳と作品解説

### 「これ、先生から。んで〜、もう叱られてきたよ！」
**"It's from our teacher ... and I've ALREADY been scolded!"**

幼稚園で、親に手紙（呼び出し状？）が届けられるほどの悪さをしでかしたデニス。

ママの怒りをかわそうと機先を制する作戦で臨みます。

帰宅するや否や、ママに手紙を堂々（怖々？）と見せながら、ちゃっかりと「（これ以上）叱らないで」メッセージを発します。

そんな理屈が通るほどママは甘くないですね。

「またやったの!?」とあきれつつ、ママがデニスに雷を落とすのは時間の問題です。

【MEMO】
アメリカ人は家に入る時に靴を脱がない。玄関に靴置き場スペースがないところに注目。

## 作品 2

（初級　中級　上級）

# "The sitter said, 'Money isn't THAT important,' and left."

"THE SITTER SAID, 'MONEY ISN'T THAT IMPORTANT,' AND LEFT."

### 語 句

sitter　ベビーシッター

that ＝ so（not that important　そんなに重要ではない）

left（leave「去る」の過去形）

## 作品2　日本語訳と作品解説

### 「あのシッターさん、『お金はどうでもいい』って言って、帰っちゃったよ」

**"The sitter said, 'Money isn't THAT important,' and left."**

子守をベビーシッターに任せて外出した両親が帰宅すると、一人ふんぞり返ってテレビを見るデニスの姿が。

シッターはデニスに手を焼いて、（アルバイト代を犠牲にして）逃げ出してしまったのです。

デニスはあっけらかんと夜の自由を満喫していました。

愛息を置き去りにした無責任なシッター。またもわざわいを招いてしまったデニス。いったい何をやらかしたのか？

ママの心境はさぞかし複雑でしょう。怒りの矛先はどちらに？

> 【MEMO】
> アメリカでは、ベビーシッターの習慣が普及しており、学生アルバイトの定番になっている。

CHAPTER 4    75

## 作品3

(初級  中級  上級)

# "... And I'll tell you the rest ... when we're alone."

"...AND I'LL TELL YOU THE REST... WHEN WE'RE ALONE."

### 語 句

rest（話の）残り、続き

alone　自分たちだけ（この場合、「一人」という意味でないことに注意）

## 作品 3　日本語訳と作品解説

### 「…で～、残りをお話しするのは、…二人だけになってからに」

**"... And I'll tell you the rest ... when we're alone."**

デニスは今日もとんでもないことをしでかし、神様にお祈りして、許しを乞うています。

ところがママがこっそりと立ち聞きをしているのに気がつきます。

「（自分の悪さがばれたら）まずい！」と思い、とっさにお祈り（ざんげ）を中断し、ママが立ち去ってからのお祈りの再開をもくろみます。

親への秘め事も、神様に告白せずにはおれないのです。

リスクはあれど、あくまでも「声を出して」神様との対話を完結させようとするところに、キリスト教文化が表れています。

> **【MEMO】**
> 文中の you は「神様」、we は「神様と自分（デニス）」を指す。ベッドの上にある熊のぬいぐるみ（テディベア）については 22-23 ページを参照。

CHAPTER 4   77

## 作品 4

(初級)  中級  上級

## "I should get one more stocking since I have TWO FEET!"

### 語　句

stocking　(長めの) 靴下

since　〜なので (= because)

feet　足 (footの複数形)

## 作品4　日本語訳と作品解説

### 「靴下、もう一つあってもいいよね。ボクの足は２本なんだからさ！」

**"I should get one more stocking since I have TWO FEET!"**

クリスマスシーズンになると、暖炉の一角に靴下がつるされます。イブの夜はサンタからのプレゼントがここに届きます。

パパが暖炉に釘を打ち、靴下を取りつけたタイミングを見計らい、デニスはすかさずパパに主張します。

デニスの発想は共感できますが、クリスマスの靴下は片方のみ、という習慣の重みは如何とも動かしがたいですね。

不意をつかれたパパですが、トンカチを片手に、ここは踏ん張るしかないでしょう。

【MEMO】
クリスマスの靴下は、聖ニコラウス伝説に由来する。聖ニコラウスがある貧しい一家のために、煙突から金貨を投げ入れたところ、たまたま暖炉に干してあった靴下に入ったという逸話がある。

CHAPTER 4　79

## 作品 5

(初級)　中級　上級

## "What did we learn today? My mom always asks me."

"WHAT DID WE LEARN TODAY? MY MOM ALWAYS ASKS ME."

### 語　句

learn　習う、教わる（studyは「学ぶ、研究する」）
mom　ママ（「パパ」はdad）

## 作品5　日本語訳と作品解説

### 「今日、何習ったんだっけ？ ママがいつも聞いてくるんだ」

**"What did we learn today? My mom always asks me."**

幼稚園の一日が終わり、先生にとっては一番ほっとするお帰りの時間です。

一方、デニスはお迎えに来たママの姿を見た瞬間、ハタと焦ります。「ヤバい。先生の話、今日も全然聞かなかった！」と我に返るデニス。

先生からの苦情を受けてか、ママも日々のデニス対策を怠っていないのです。

目の前のピンチを逃れようと、デニスはその場でちゃっかりと先生に助け船を求めます。

デニスママを前に、先生のテンションは、また跳ね上がってしまったことでしょう。

> **【MEMO】**
> デニスの左手の仕草に注目。親指の向かう先に、デニスを迎えに来て手を振るママの姿がある。

CHAPTER 4    81

## 作品 6

（初級　中級　上級）

## "Now that I'm OILED UP, will I work better?"

"NOW THAT I'M OILED UP, WILL I WORK BETTER?"

### 語 句

Now that ...　今や…だから
oiled（be oiled up　オイルを塗られる ／ upは「〜し尽くす」の意味）
work　機能する、（体が）動く
better　（もっと）上手に

## 作品6　日本語訳と作品解説

### 「オイルをいっぱいに塗ったから、うまく泳げるかな？」
#### "Now that I'm OILED UP, will I work better?"

機械に注すオイルは「潤滑油」、海水浴で塗るオイルは「（日焼け止め）サンオイル」（英語では sunscreen）です。

潤滑油とサンオイルは使う目的も成分も大違いです。

デニスは、パパの日曜大工で潤滑油の効き目は観察済みです。

「早く海で泳ぎたい！」の一心で、サンオイルに潤滑油の効果を期待してしまう気持ちも分かります。

日焼けのことなど、つゆほども気にしないのが子供らしさですね。

【MEMO】
「海水浴」は英語で sea bathing（スィー・ベイズィング）。アメリカは面積が大きい国なので、海を見たことがない人の割合がかなり高い。

CHAPTER 4　83

---
## 作品 7
---

（初級　中級　上級）

## "I pressed ALL of the buttons so we'd get a good, long ride."

"I PRESSED ALL OF THE BUTTONS SO WE'D GET A GOOD, LONG RIDE."

### 語句

press　押す

button（発音は「バトン」）ボタン

so we'd ...　私たちが…するように

　（we'd＝we would ／ so［that］＋S＋will＋V　SがVするように）

## 作品7　日本語訳と作品解説

### 「ボク、ぜーんぶのボタン押したよ。楽しくいっぱい乗れるようにね」
**"I pressed ALL of the buttons so we'd get a good, long ride."**

エレベーターに乗ったデニスは、突如、すべての階のボタンを押しました。

パパに向かって、得意気にほほ笑んでいます。

乗り物の「わくわく感」を一緒に長く楽しめるようにと気を利かせたデニスだったのですが…。

周りの大人たちは呆気にとられるやら、ムスッとするやら。

はた迷惑といえばそれまでですが、大人に子供心を呼び覚ますデニスの面目躍如です。

「ひんしゅく」の中、パパはどんな表情を浮かべているのでしょうか？

---

**【MEMO】**
「エレベーター」は、アメリカでは elevator、イギリスでは lift と言い方が異なる。ちなみに first floor は、アメリカでは「1階」、イギリスでは「2階」のこと。

CHAPTER 4　85

## 作品 8

（初級　中級　上級）

### "I'm just making a withdrawal."

"I'M JUST MAKING A WITHDRAWAL."

### 語句

make a withdrawal　貯金を引き出す
　（「貯金をする」は make a deposit）

## 作品 8　日本語訳と作品解説

### 「ただお金を引き出しているだけだよ」
#### "I'm just making a withdrawal."

トンカチで貯金箱（piggybank）を割ろうとするデニスにママがうろたえています。

しょっちゅう銀行でお金を下ろしては買い物をするママを、デニスはよく観察しています。

ママの姿を逆手にとって、「貯金箱を割ることのどこがいけないの！」と言いたげなデニス。

貯金箱がいっぱいになるのを待ちきれずに開けたくなるのも子供心です。

自分でためたお金を取り出す時のわくわく感がよみがえってきますね。

【MEMO】
アメリカの貯金箱（piggybank）は豚型が定番。豚は子だくさんで太るので、富裕のシンボルとされる。貯金「箱」を "bank" に結びつける発想に「自立」重視の文化が表れている。

## 作品 9

[初級] 中級 上級

### "Do ya have a LOUD section?"

### 語 句

ya（youが速く発音された音を文字化した表記）

loud（発音は「ラウド」）大声の

section　区域、区画

## 作品 9　日本語訳と作品解説

### 「大声出してもいいとこってあるの？」
#### "Do ya have a LOUD section?"

図書館内は「静かに」が常識ですが、天真爛漫のデニスに静けさを求めるのはしょせん無理というもの。

デニスは今、酸欠状態です。

「QUIET（静かに）」の表示板を目にしたデニスは、それならその逆の「LOUD（大声）セクション」もありかな？とひらめきます。

図書館員にすかさず聞いてみますが、"No Kidding!"（「冗談はよして」）と一蹴されそうな雰囲気ですね。

さすがのデニスも、ここは耐え忍ぶよりほか、手がなさそうです。現実社会の壁をまた一つ学んだデニスでした。

【MEMO】
「図書館員（司書）」は英語で librarian（ライブレァリァン）。library（「図書館」）に、「人」を表す -ian が結合している。historian（歴史家）、musician（音楽家）も同じパターン。

CHAPTER 4　89

## 作品 10

(初級)　中級　上級

### "How do THEY know where WE are?"

"HOW DO THEY KNOW WHERE WE ARE?"

### 語句

MALL DIRECTORY「モール案内板」

YOU ARE HERE「現在地」

they　店の人たち（不特定多数の人を指す）

where we are　私たちがいるところ

## 作品10　日本語訳と作品解説

### 「どうしてボクたちがいるところが分かるの？」
**"How do THEY know where WE are?"**

アメリカのモールは広いので、目的のお店に到達するまでが一苦労です。

ママはモールの案内板を見ながら、買い物をするお店の場所を確認中。

そこにデニスからの思わぬ質問が飛び込みます。

「YOU ARE HERE」の表記を見たデニスは、なぜ案内板が自分のいるところを言い当てているのか、腑に落ちません。

小さな子供は地図の見方が分からないので、確かにピンとこないでしょうね。

そもそも「現在地」とは、今いるその場のことなのですから。

【MEMO】
「YOU ARE HERE」の YOU は「総称の YOU」で「人は（誰でも）」を意味する。デニスは、この YOU が「自分とママ」だけを指していると勘違いしている。

CHAPTER 4　91

## 作品 11

（初級　中級　上級）

**"It's too nice of a day to stay inside.
Let's go to the mall!"**

## 作品 12

(初級　中級　上級)

# "Why can't Christmas come in August, when the stores aren't so crowded?"

## 作品 13

（初級　中級　上級）

**"Boy, Margaret. You're lucky
you don't hafta listen to what you're saying!"**

## 作品 14

（初級　中級　上級）

**"I like the way you don't ever take a break for commercials."**

CHAPTER 4　95

## 作品 15

（初級　中級　上級）

## "When I get BIG and FAMOUS, I promise you can have all my autographs you want!"

## 作品 16

（初級　中級　上級）

"Talking with you, Grandpa,
is like bein' in a TIME MACHINE."

CHAPTER 4    97

## 作品 17

（初級　中級　上級）

## "How come you need a vacation? You have ME to play with every day!"

## 作品 18

（初級　中級　上級）

**"Y'know what's good about computer games? You don't hafta pick 'em up when you're finished."**

CHAPTER 4   99

---
**作品 19**

---

（初級　中級　上級）

# "... And maybe you'd better sit down for this one."

"...AND MAYBE YOU'D BETTER SIT DOWN FOR THIS ONE."

## 作品 20

（初級 中級 上級）

### "How come nobody listens to me until I say something I shouldn't have?"

## 作品 21

(初級　中級　上級)

**"I'm feedin' him cat food
to see if I can get him to meow."**

## 作品 22

（初級　中級　上級）

"You're not gonna tell the guys
you had to help me up here, are you?"

CHAPTER 4    103

---
### 作品 23
---

（初級　中級　上級）

## "How come you're always asking us questions you already know the ANSWER to?"

# CHAPTER 5

## 学生が語るデニス評：
## デニスの底知れぬ魅力

　過去10年以上にわたって、私はDennis the Menaceを英語教材として使ってきました。私が所属する大学は私立文系で英語関係の専攻もあります。英語センスの高い学生は、デニスの解釈をものの見事にこなしていきます。一方で、英語がさほど得意でない、また、好きでない学生からも確実な手ごたえを感じてきました。

　非常勤講師として国立大学の理系クラスを数年間にわたり担当した経験もあります。理系の学生からもデニスへの反響は同じくらい確かなものがありました。ここ数年、高校での出前授業にも頻繁に出かけています。たった一回限りの授業でも、デニスの魅力を感じ取ってくれる生徒は相当数います。

　Dennis the Menaceの「作品」としての価値はすでに歴史が証明しています。私がその先に追求したいのは、同作品が英語コミュニケーションや異文化理解の「教材」として持つ底知れぬ可能性です。この章では、敢えて、理系の学生が記した「デニス評」を紹介します。対象とするのは2012年度に受け

持った新潟大学工学部1年生の受講生たちです。

　当時、「高校生新聞」（高校生新聞社）にDennis the Menace作品の解説コラムを連載していました。ここに掲載する「デニス評」は、彼らがデニス漫画に取り組んだのちに記した感想文で、主に「高校生新聞」（WEB版）に収められたものです。

　工学部に属する学生は、概して英語に偏愛がありません。それゆえ、コメントの客観性が担保されるものと思います。受験勉強を終え、無事、国立大学入学を果たしたばかりの彼らが、英語授業でいきなりデニスに出会いました。いったいどんな反応が示されたかに注目ください。若者らしい視点とみずみずしい感性で、彼らはデニスの魅力をそれぞれに語ってくれました。

　毎回、デニスを教えながら実感することは、若者から得ることのできる私自身の学びの大きさです。時として、彼らの鋭いデニス解釈が、私の凝り固まった頭をほぐしてくれます。Dennis the Menaceの教材としての価値は、そんなところにも見出せるのです。

### 頭をフル稼働して読む

　日本の4コマ漫画と違い、デニスは一コマに面白い要素が入っていて、その前後のデニスの様子を想像することができる。ありふれた日常の中でのほんの一瞬の出来事をピックアップするところが作者の才能のすごいところだ。

　デニスをいくつか読んでいくうちに、だんだんデニスの性格や人柄が分かってきて、よりいっそう面白くなっていく感覚があった。デニスは純粋な子供なのに、時に鋭い指摘をするところが面白く、そんなデニスを取り囲む登場人物との駆け引きが心地よくマッチしているところがポイントだ。デニスの性格や表情を頭に入れながら、面白いポイントを自分で発見したり、絵から意味を想像したり、頭をフル稼働して漫画を読むことができたように思う。　（S.M.）

### 子供の目線は不思議でいっぱい

　デニスの一コマ漫画には今までの根底を覆すような、心に訴えるものがあった。少年デニスの日常を、中学生でも理解できるような容易な、しかも短い端的な文で読み手を引きこませようと書かれている。さらに、視覚情報があるので、英文も分かりやすく頭に取り入れることができる。

少年デニスがありふれた日常を、素朴で素直な思いで言葉に表現している。大人の目線からすれば当たり前すぎることでも、デニスの目線では不思議でいっぱいである。子供らしい素直な気持ちが、たった一枚の挿絵と文章をよりユーモラスにしている。　（A.K.）

## オチに気づくための想像力

　デニスを理解するにあたり必要であると感じた力は想像力である。あの一コマにどのような面白さが隠れているかを理解するには相当な想像力が必要だと思う。書いてある文を訳すことは一応できるのだが、私はその漫画のオチというものに気づくまでに結構な時間がかかってしまった。授業でどういう面白さが描かれているかを聞いた時は、なるほど、と驚くほどすっと意味が入ってきた。

　私は正直、英語の勉強に楽しさを感じることはあまりないのだが、このデニスの漫画は結構楽しかった。私以外にも英語に苦手意識を持っている人はたくさんいると思うが、ぜひこのデニスを一度読んでほしいと思った。今までと違った視点で英語と触れ合うことができるため、英語に対しての考え方も変わるだろうし、英語を好きになるかも知れない。（S.K.）

### 中学生の時に出会いたかった

　初めてデニスの漫画を見た時はピンと来なかった。文法は難しくないのに内容が読み取れなかったので違和感があった。けれどみんなの解釈を聞いてみると、自分の解釈との違いに気づいたり、この短くて単純な文から、思っていたよりずっと深いことが読み取れると知って、「面白い！」と思った。

　デニスはアメリカではずっと長く続いていると聞いたけれど、私は全く知らなかった。こんなにも面白いのだから、私は学校で英語の授業が始まった中学生の時に出会いたかった。そうすれば文法や単語の勉強にうんざりするのではなく、面白い文章を読み解くための手段としてもっと英語に前向きに向きあえたのではないかと思う。　（H.M.）

### 英語圏の人に向けた手抜きのない英語

　英語を学ぶモティベーションを上げるには、それが面白いとか、読みやすいとか、ということも重要ですが、ある程度英語に慣れた人なら、それが英語圏向けの人に書かれている、ということもひっそりと重要だと思います。

　私のような初心者に向けた教材の英語は、どことなくこちらに合わせて書かれているような、なんだか手を抜かれているように思ってしまうことがあります。しかし、デニスの英語はそのような手抜

きを感じさせないので、私たちを真剣に英語そのものへと向き合わせてくれます。文法教材や検定試験の英語などではあまり見られない、英語圏ならではの言い回しや文法の「ねじ曲げ方」に触れることができ、より汎用性のある英語を教えてくれます。　(K.K.)

## 解釈の微妙な違いが生み出す深さ

　英語で必要なのは空白を読む力であると思いました。デニスは直訳してもうまい表現になってくれず、より深く考える必要がありました。これまで学んできた英語は試験対策でしかなく、本当に必要なのは、いかに状況を読み、何が言いたいのかを理解することだ、ということが分かりました。

　授業の中で、デニスの漫画の面白いところを何人かで発表する機会がありましたが、一人ひとり解釈が微妙に違っていて、「そういう考えもあるのか」、「ここはそういうことを言いたかったのか」など、新たに思うことがあり、そのたびに、「英語って深い！」と思いました。　(N.R.)

## 直訳と日本語訳のニュアンスの落差

　最初に「直訳」が示される時は、自分の訳とそう違いはありませんでした。しかし、そこからいざ「日本語訳」に直そうとすると、全く思い浮かびません。そのまま授業に臨んでしまうのですが、他の受講生の訳を聞くと、なるほどと思わされてしまいます。私がデニスに関して「楽しい」と思ったところはそこでした。

　「直訳」と「日本語訳」を別々に考えると、全く違った意味やニュアンスになり、今まで高校で学んできたような英語と全然違っていました。デニスが一コマ漫画で通用する理由は、そういう言葉遊びのような世界があるからだと思います。実際、一コマ漫画など、今まで見たことも聞いたこともなかったので、デニスはとても斬新だと感じました。
（U.K.）

## 背景文化が英語学習に生きてくる

　デニスにはアメリカの文化が盛り込まれていて、それを知らないと漫画全体の意味を読み解けないことがあります。言語にはその国の風土、文化、宗教観等が密接に絡み合っています。背景の文化を知ることが、英語学習に生きてくると思います。英語の映画やドラマを見ている時も独特のジョークや皮肉をよ

く見かけます。英語を理解して楽しむためには「文化を知る」ということがとても重要なのです。

　このことに気づいたときはある種の感動すら覚えました。英語を理解することがこんなに面白いことだとは思いませんでした。言語とはそもそも会話が先に来るものなので、デニスが発するような英語こそが学ぶべき英語だと思いました。　　（K.S.）

## たった一枚の絵で面白さを表現できる

　最初はデニスの面白さがよく分からなかった。教科書の英文のように堅苦しく訳していたからだと思う。「話し言葉」で訳すようになってから、徐々に面白さが分かるようになった。何より驚いたのは、たった一枚の絵で面白さを表現できることだ。一つ一つの絵から、デニスのいたずら心や純粋さが見えて、デニスを読む時はとてもわくわくした。

　デニスは日本でいうクレヨンしんちゃんを連想させる。同じ年齢、独特の視点から感じたことを素直に表現するところが似ている。愛らしくかわいらしいデニスを私もすっかり気に入ってしまった。　　（N.S.）

### 想像することで英語が脳裏に焼き付く

　デニスは大人が想像しないことを考え、突拍子もない言葉を口にする。大人にとっては当たり前かもしれないけど、子供にとっては、「どうして？」と疑問に思うことばかりである。その疑問は、そっくりそのまま英語圏外の私たち日本人の子供の疑問でもあるのだ。

　一コマ漫画でしか学べない学び方がある。一コマ漫画は自分でストーリーを想像することが必要になる。想像することで一つの場面がより鮮明になり、その場面で使われた英語が脳裏に焼き付く。ストーリーを想像しながら、それに付随したセリフを英文で読み解く。この作業は英語学習において非常に理にかなっていると考える。　（A.R.）

### 表情や仕草からも内容を推測できる

　デニスは英文とイラストが並んでいるため、表情や仕草からも内容が推測できる。一コマだけでもたくさんの解釈が可能で、人によって解釈が様々になることが面白い。考えれば考えるほど、新しい捉え方が見つかり奥が深いと思った。生活に密着した小さな異文化に触れられることも素晴らしい。

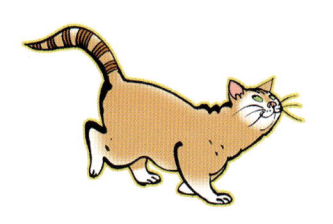

　教科書の英文は読めても、このようなネイティブ英語が理解できないのは、私たちの英語コミュニ

ケーション能力がまだまだ足りていないということだ。しかし、その能力こそが英語をモノにするための一番の鍵だと思う。毎回無邪気なデニスを見て、私も一気にデニスに引き込まれた。　(K.Y.)

## 暗記学習法ではデニスに太刀打ちできない

　最初にデニスの漫画を見た時の感覚は不思議なものだった。使われている単語は簡単なのに、いざ文の意味を理解しようとしても、はっきりと日本語で認識できないことが多かった。それはとても不思議で新鮮な感覚だった。

　私の英語学習法と言えば、ただひたすら暗記するのみであった。文法を暗記し、単語を暗記する。それは試験で点数を取るためだけのものであり、英語を使ってコミュニケーションを取ることなど意識されていなかった。そしてその勉強法だけではデニスに太刀打ちすることはできなかった。デニスの突拍子もない発言や皮肉めいた言動、そのどれもが暗記するだけの英語では読み解くことができなかった。　(W.K.)

### デニス英語は日本の俳句のようなもの

　振り返ってみると、どの一コマ漫画においてもデニスはユニークな発言をしている。見方を変えるだけで、ストーリーを暗くも明るくもすることができる。デニス漫画の本当の面白さを知った時、私は「深い」と感じると同時に気づいたことがある。
　デニス漫画は、日本でいう俳句のようなものではないかということである。必要最低限の英単語で構成されており、あたかも自分が体験したかのような深さも感じられる。デニスを読む前は、自分の英語力では深い文など作ることができないと思っていた。しかし、簡単な英単語でもこれだけ深い英文を作ることができるのだということを学んだ。　　（N.Y.）

### 自分がいかに英語を知らなかったかを理解

　デニスを最初に読んだ時に「なんだこれ。よく分かんないな」と思ったのは今でも覚えています。今まで習ってきた英語は訳してしまえばそれで終わりでした。しかしデニスの英語はそこから頭をひねり、理解しなければなりません。それが本当に難しかったです。「これが本物の英語なんだ！」と思うと同時に、今回デニス英語を通じて、自分がいかに本物の英語を知らなかったかを理解できただけで十分価値があったと思います。　　（M.M.）

## 子どもとともに学んでいるような楽しさ

　デニスの英文を最初見た時は何を伝えようとしているのか全く分からないものが多く、英語の難しさを痛感した。しかし何度も授業で取り上げられ、解釈に励んでいくうちに、なるほどと思ったり、こうなのかなと少し感づいたりすることが増えたのでとてもやりがいを感じた。

　デニスが幼い子であり、子どもとともに英語を学んでいるような気持ちになれたのでとても楽しかった。今までの英語は、正直言うと、ただの勉強としてやらされるものを受け入れてきていた。将来もしかしたら必要になるかもしれないから。英語ができると格好いいから。テストでみんなに負けたくないから。そんな気持ちのほうが大きかったかもしれない。　　（M.K.）

## 背景と気持ちを明瞭にイメージできる

　英単語を日本語にするには、辞書の意味通りでは限界が存在し、むしろ辞書の意味に捉われず、その場面の雰囲気全体を捉えて理解するのが一番大切ではないか、と感じました。

　普段、日本語で書かれた小説を読んでいると、会話文の中身が実際にどのような感じで話されているのか、その背景、その人の気持ちを明瞭にイメージできたりしますが、まさにデニスを読んでいて、そのような感覚になることがありました。読めば読むほど、いろいろな想像、発想が浮かんでくるという点で、すごく面白かったと思います。　（K.Y.）

## セリフの裏にある心情や状況を読み取る

　デニスを最初に見た時はどこが落ちで何が面白いのかさっぱり分からなかった。しかし授業の中で、セリフの裏にある心情や状況を丁寧に読み取ることで、自分が気づいていないたくさんの面白いポイントがあることが分かった。アメリカ人の考え方や文化的背景、デニスの子供ならではの柔軟な発想はとても面白かった。

　デニスを本当に楽しむためには要求されるものがなかなか多いのではないかと思う。だからこそ、デニスを読むことでたくさんの知識を得ることができるとも言える。アメリカ人がどのような状況でどんな英語を使うのかを知ることができる。簡単な単語の新しい用法に衝撃を受けることもある。　（S.Y.）

## 一コマなのに起承転結がある

　デニスを初めて読んだとき、よくできているなと感心しました。一発でオチのようだけど、登場人物の表情、立ち居振る舞い、発する言葉などから背景を考えていくと、ちゃんと起承転結のようなものがあるのです。

　出てくる単語などは難しくないので簡単に読み取れるかと思うとそうではなく、意外とその場面が何を表しているのか分からなかったり、誤解してしまうことがあって、くすっと笑ったり、先生の解説を聞いて、「あー、なるほど」と納得することも多々ありました。　（O.T.）

# EPILOGUE

## 言語習得の鍵：
## 「ありのまま」がもたらすミラクル

　2012年度から2013年度にかけて、月刊「高校生新聞」（高校生新聞社）にDennis the Menaceの作品解説コラムを連載する機会を得ました。本書は、「高校生新聞」に寄せた原稿を基に、内容を大幅加筆し、誰しもが親しめるデニスの入門書になることを目指しました。

　英語にあこがれを抱き、めいっぱい努力を積み重ねている日本人はごまんといます。ただ、英語を楽しむどころか、修行僧のごとく難行苦行を積み重ね、それでも成果が出ない。泣く泣く大金をはたいた挙句、語学産業の餌食になってしまう人も少なくありません。

　下手な学び方をして英語が嫌いになりかけているのでしたら、「デニス・ワールド」に一歩でも足を踏み入れてみてはいかがでしょうか。その一コマは、「血の通った英語」が飛び交う妙にリアルな空間です。デニスは、きっと、あなたに救いの手を差し伸べてくれるはずです。本書を通して、そのことをまずはお伝えしたいと思いました。

パトリシア・クール（Patricia Kuhl）氏（ワシントン大学・学習脳科学研究所所長）が、「赤ちゃんは語学の天才（The linguistic genius of babies）」というタイトルで、子供の脳の柔軟性がいかに驚異的であるかを語っていました（NHK Eテレ「スーパープレゼンテーション」2013年7月29日放送）。

いわく、人間は、国籍を問わず7歳になるまで天才的な言語吸収能力を有している、と。いわゆる言語学でいう「クリティカル・ピリオド」説のことです。

私はこの説を全面的に信じるわけではありませんが、幼児期が母語を最も大量に吸収する時期であることは間違いありません。「三つ子の魂百まで」という諺もあるように、無意識に吸収される言葉一つ一つがその人の魂に宿っていきます。

クール氏は、子供の脳の仕組み、言語習得の秘密を解き明かすことによって、大人が言語を柔軟に学び続けるための手助けができるかもしれない、と述べてプレゼンテーションを締めくくりました。

そのメッセージが放たれた瞬間、私は「デニス・ワールド」を思い浮かべました。大人の心を子供の世界に巧みに引き寄せる「デニス・ミラクル」の源泉はどこにあるのでしょうか。

執筆協力をいただいたマーク・フランク氏は、デニスについて次のように語ります。

> Dennis' feeling is always natural reaction to the situation.
> （デニスの感覚は、その場の状況にいつも自然に反応している。）

今流行の言葉を使うならば、まさに「ありのままの自分」でいられるのがデニスです。風に奏でられる風鈴の音色のように、デニスの口からは、こだわりのない言葉が自然に、そしてズバリと発せられます。
　それにひきかえ、私たち大人の思考や言葉は、どれだけ多くの「ひとまえ」や「たてまえ」に拘束されていることでしょうか。デニスは大人社会の窮屈さを鋭敏に察知し、いわゆるTPOをわきまえず、ストレートな「ツッコミ」を入れてきます。
　大人は唖然とするしかないのですが、「童心」が一瞬、脳裏をよぎります。固定観念に縛りつけられている自分に気づき、ハッとさせられます。デニスの面目躍如の瞬間です。
　幼児の驚異的な言語能力の秘密はこの「ありのまま」の感覚にあるのではないでしょうか。映画「アナと雪の女王（原題Frozen）」の主題歌「ありのままで（原題Let It Go）」が私たちの心を捉えたのと同じ理由で、デニスが発する英語も私たちの心を揺さぶります。
　多くの学生が「デニス評」に記したように、読者はデニス作品を読み重ねるうちに、次第に作品に魅了されていきます。脳が訓練次第で柔軟になることの証左です。デニスの「血の通った英語」にあなたの心が「ときめき」を覚える限り、英語習得の年齢に手遅れはないと信じます。

アメリカでデニス漫画に出会い、こつこつと切り抜きを始めてから、本書刊行に到るまで、かれこれ20年の歳月が経ちました。感慨ひとしおであります。

　学びの力は「偏差値」のみでは測れない、というモチーフが本書に流れています。玉川大学でAO入試改革を先導された松谷明彦氏の教育観に多くを学ばせていただきました。長年のご友誼に心より感謝申し上げます。

　㈱ヒア＆ナウ代表の井上久美先生の薫陶を受けることなしには本書の完成はあり得ないことでした。完成の拙著をご覧いただけることをエネルギー源に仕上げに打ち込んでいた昨年9月、思いもかけない訃報に接し、痛恨のきわみと言うしかありません。ここに謹んで哀悼の意を表し、学恩に感謝の気持ちを捧げます。

　本書の刊行にあたっては敬和学園大学からの出版助成を受けました。深謝いたします。デニス漫画のコラムを「高校生新聞」に連載してくださった高校生新聞社の西健太郎氏、本書の出版・編集において細かい配慮と助力を惜しまれなかった大学教育出版の佐藤守氏、デニス作品の権利元（Hank Ketcham Enterprises, Inc.）との交渉を一手に引き受けてくださったIMGジャパンの鳥飼美智子さん、執筆協力者として常に最大限の尽力をいただいたマーク・フランク氏、そして本書のカバーをデザインしてくださった武者将氏各位に心からの謝意を表します。

　巻頭に掲載させていただきましたが、Dennis the Menace原作者のロン・フェルディナンド、マーカス・ハミルトン両氏

からは応援メッセージ付きの原画を頂戴しました。長年のデニスファンの一人として、この上なく光栄に思います。この先も末永く連載をお続けくださることを祈念しつつ、両氏に心からの御礼を申し上げます。

2015 年 1 月

中村　義実

■著者

中村　義実（なかむら・よしみ）

1961年新潟県生まれ。ジョージタウン大学修士課程修了。ハワード大学講師を経て、現在、敬和学園大学教授。主要業績として、杉田米行編『アメリカを知るための18章 ― 超大国を読み解く ―』（共著、大学教育出版）、杉田米行編『アメリカ観の変遷 上巻（人文系）』（共著、大学教育出版）、"Consideration on American Individualism I‒IV"『敬和学園大学研究紀要』第21～24号などがある。

■執筆協力

マーク・R・フランク（Mark Richard Frank）

1966年アメリカ・カンザス州生まれ。ミズーリ州立大学修士課程修了。元敬和学園大学准教授。1997年から2009年まで、新潟県にて英語教育に携わる。とりわけ新潟の食文化に造詣が深い。現在、ミズーリ州で農業に従事し、日本食の普及活動を行っている。主要業績として、"The Shibata Project: A Freirean Approach to Community-based Research"『敬和学園大学紀要』第13号などがある。

Copyright 2015 Hank Ketcham Enterprises, Inc. All rights reserved.
DENNIS THE MENACE by Hank Ketcham, Marcus Hamilton, Ron Ferdinand

# デニス英語の魅力
― 血の通った英語を読み解く ―

2015年2月20日　初版第1刷発行

■著　　者──中村義実
■作品原作者──ハンク・ケッチャム，マーカス・ハミルトン，
　　　　　　　ロン・フェルディナンド
■発　行　者──佐藤　守
■発　行　所──株式会社 大学教育出版
　　　　　　　〒700-0953　岡山市南区西市855-4
　　　　　　　電話(086)244-1268㈹　FAX(086)246-0294
■印刷製本──サンコー印刷㈱
■Ｄ　Ｔ　Ｐ──北村雅子

© Yoshimi Nakamura 2015, Printed in Japan
検印省略　　落丁・乱丁本はお取り替えいたします。
本書のコピー・スキャン・デジタル化等の無断複製は著作権法上での例外を除き禁じられています。本書を代行業者等の第三者に依頼してスキャンやデジタル化することは、たとえ個人や家庭内での利用でも著作権法違反です。

ISBN978-4-86429-322-8